もにゅぐるみ

もにゅしゅしゅ

産業編集センター

Contents

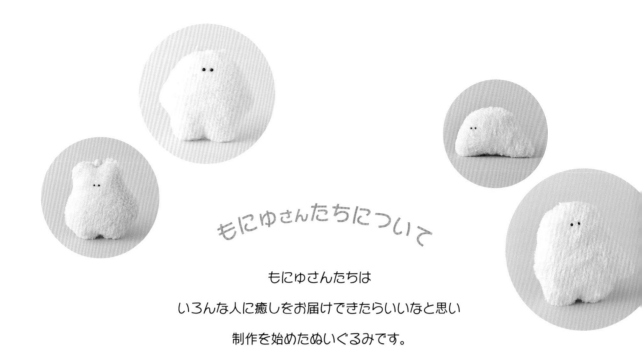

もにゅさんたちについて

もにゅさんたちは
いろんな人に癒しをお届けできたらいいなと思い
制作を始めたぬいぐるみです。

素朴なホヤんとしたぬいぐるみがとても大好きで
自分自身がこういう子がいっぱい欲しいということで
たくさんのもにゅさんたちを生み出しています。

デザインなどは、いつも直感で作っています。

もにゅさん

ツノが生えててほっぺがいつも赤い。
とくになにもかんがえてなくて、
いつもぽやぽやしてるよ。

※ツノや体の色は何色にもなれます。
5〜30cm（特大）ぐらいまで、
いろんなサイズがあります！

こつのもにゅさん

もにゅさんのちっこい頃。
まだツノが1本しかない。
とっても食いしん坊。
大きくなるために
食べる事しか考えてないよ。

恐竜もにゅさん

もにゅさんから生まれた謎の恐竜。
恐竜なのに草食系。
もにゅさんの後ろをついて歩くよ。

※ツノや体の色は何色にもなれます。

もにさん

もにゅさんの弟子。
もにゅさんになりたくて、修行中。
もにゅさんみたいに全然ツノも
ほっぺも出てきてくれないんだけど、
もにさんは深くは考えてないよ。

**うさぎの耳が生えた
もにさん**

もにゅさんになりたくて
頑張ったら耳が生えちゃったよ。
なんでだろう…??

**うさぎの尻尾が生えた
もにさん**

もにゅさんになりたくて
斜め上にいっちゃったよ。
なぜかうさぎの尻尾が
生えちゃった。
修行頑張ろうね。

泣き虫もにさん

花粉症のせいで泣いてるんだよ。
実は
もにさんの涙は宝石なんだよ。

9

んぼちゃん

んぼんぼしてるから
んぼちゃん。
とてつもなく甘えん坊。
いつも一緒にいてあげてね。

うさんぼちゃん

こうさぎさんに憧れたんぼちゃん。
頑張ってこうさぎさんになったよ。
だけどこうさぎさんよりは
大きくなっちゃったね。

ふのさん

短いあんよがちょっこり。
ずっと後ろをてちてち走ってくるよ。

ふんさん

ふのさんの兄弟。
どっちが兄か弟かは誰にもわからない。
ふのさんより脚がセクシー。

14

ふわふわこうさぎさん

ちっこい手乗りサイズのこうさぎさん。
とっても繊細な子たちで、
目が合うと逃げちゃうよ。
捕まえるのがたいへんだよ。

のびるこうさぎさん

こうさぎさんがタテに伸びたよ。
少し身長を伸ばしたかったみたい。
伸ばしすぎちゃったよ。

ねこしゃん

ねこしゃんです。
ふわふわのねこしゃん。
猫草が大好き。
撫でるとゴロゴロいうよ。

???? さん

謎。ただ謎。
ずーっとこっちを見つめてるよ。

もしゅさん

なんでもない新種。
びっくりするくらいなんでもない。
基本的にひっそりとしてるよ。

えびふらいもしゅさん

エビフライになりたくて
とりあえず黄色になって、
エビの尻尾を頭につけてみたよ。
尻尾はもしゅさんのてづくり。
意外と器用なんだよ。

もにょもにょさん

名前の通りもにょもにょ動くよ。
目を離すと隙間に逃げ込むよ。
手を出すと噛みます。

もへさん

なんか尻尾が生えてるよ。
でも、もへさんは
尻尾が生えてることに気づいてないよ。
意外とドジだよ。

あんよこちゃん

おててばんざーい！
実はバンザイしすぎて腕が痛いから
見てない時に腕をおろしてるよ。

あんよちゃん

ピンクのほっぺのあんよちゃん。
いつも座ってこっちを見てるよ。
お出かけが大好き。

いぬう

犬じゃなくて、いぬうです。
いぬうだから
ドッグフードは食べないよ。
唐揚げが大好き。

ふわふわんこ

雲になりたかったけど
なぜか犬になってしまったから
雲のようにふわふわだよ。
お耳のカラーはいろんな色になるよ。

くまアイスさん

アイスになりたかったくまさん。
でも食べられたくないから
食べようとすると逃げるよ。
怒ると上のポンポンを
投げつけてくるよ。

ばぶくまさん

赤ちゃんのくまさん。
ふわふわでみんなに癒しをくれるよ。
ミルクより甘酒が好き。
本当に赤ちゃんなのかは謎。

基本の作り方

（もにゅさんの場合）

※型紙はすべて縫い代を含んでいません。縫い代：1.5cmぐらいを取って下さい。
※ツノ、耳、ヒレはすべて縫い代なしです。

❶型紙にあわせて生地を切ったら中表にあわせて、
細かい目で並縫いをしていきます。

※毛足が長めな生地は、生地の裏側から布部分だけを
ハサミで少しずつ切ると、抜け毛を減らせます。

❷わたを入れる部分を2cmぐらいあけておきます。
どこをあけておいてもOKですが、足元だと綿が
詰めやすいです。

❸あけておいた部分から生地を表に返します。

❹あけておいた部分からわたを入れていきます。
あまりパンパンにならないよう、触ってみて気
持ちが良い感じ程度まで入れます。

❺わたを詰めたら生地を内側に折り込み、できるだ
け目立たないようにかがっていきます。

❻半球ストーンで目をつけます。

❼ツノを接着剤で頭につけます。

※もにゅさんはピンク系のアイシャドウかチークでほっ
ぺに色をつけます。

できあがり。

❶ 生地…基本的に全部ふわふわの布です。
　　柄物（牛柄やドット）もあります。

❷ フェルト（白、赤、青系、茶系、黄色、緑）

❸ トレース用ペン（時間が経つと消えるもの）や
　　色鉛筆（赤か青）

❹ ジュエルピッカー（ピンセットでもOK）

❺ 布用の接着剤（ボンドかセメダイン）

❻ 手縫い針（細め）

❼ 手縫い糸（細め、使う生地に近い色）

❽ 裁ちバサミ（布用ハサミでもOK）

❾ 半球ストーン（黒、2mmと4mm）

❿ 半球ファー（ピンク系、20mm程度）

⓫ ぽんぽん（ピンク/ブルー/イエロー、極小）

⓬ ぬいぐるみ用のわた

※ピンク系のアイシャドウかチーク

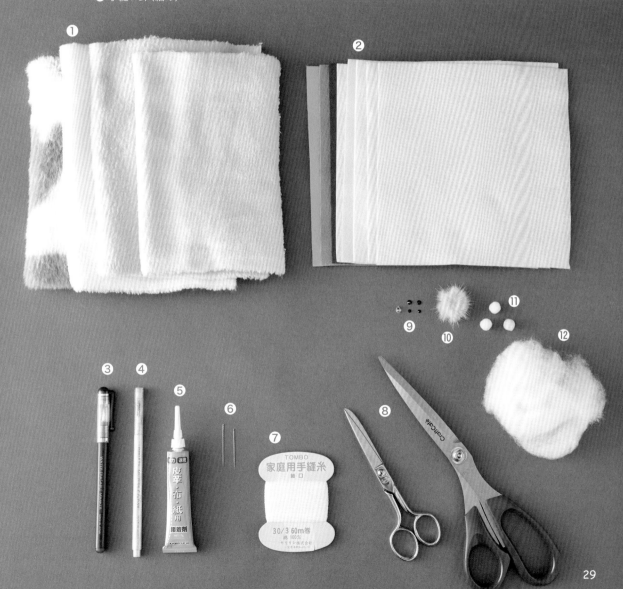

もにゅさん（普通サイズ）

- ・体…2枚
- ・目…半球ストーン（丸型黒）4mm×2コ
- ・ツノ…フェルト（好きな色で）×2枚
- ・ほっぺた…ピンク系アイシャドウかチーク
- ・わた

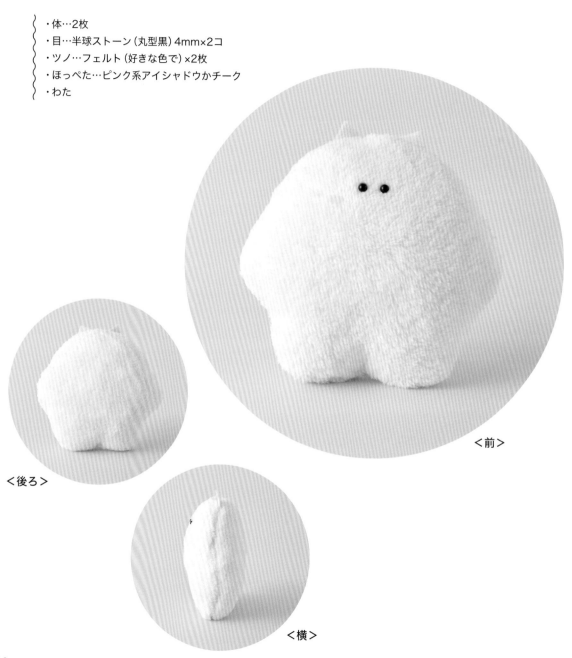

<前>

<後ろ>

<横>

作り方

❶基本の作り方で作ります。

❷フェルトでツノを2つ作り接着剤で頭の上につけます。

※特大もにゅさんは型紙を170%拡大してください。

※ツノは縫い代なし。

ツノ

体

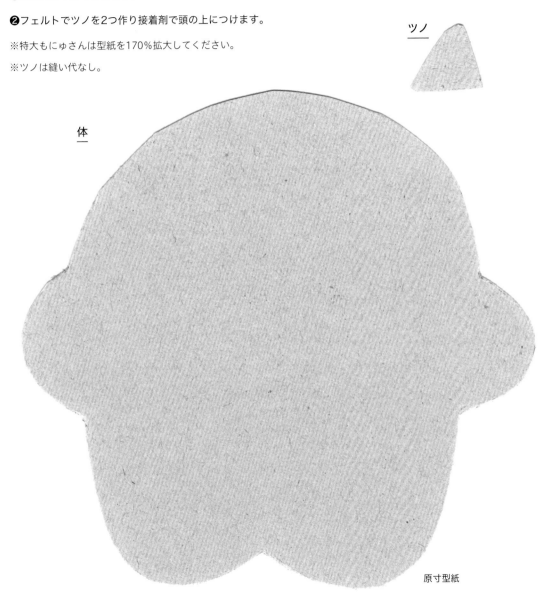

原寸型紙

もにゅさん (小さいサイズ) & 恐竜もにゅさん

- ・体…2枚
- ・目…半球ストーン (丸型黒) 4mm×2コ
- ・ほっぺた…ピンク系アイシャドウかチーク
- ・わた

＜もにゅさん (小さいサイズ) ＞
- ・ツノ…フェルト (好きな色で) ×2枚

＜恐竜もにゅさん＞
- ・恐竜背ビレ…フェルト (好きな色で) ×1枚

小さいもにゅさん

恐竜もにゅさん

ツノ

作り方

❶基本の作り方で作ります。

❷もにゅさん (小さいサイズ) はフェルト
でツノを2つ作り接着剤で頭の上につ
けます。
恐竜もにゅさんはツノの代わりにフェ
ルトで背ビレを1つ作り、接着剤で頭
の少し右側寄りにつけます。

※背ビレは縫い代なし。

恐竜背ビレ

体

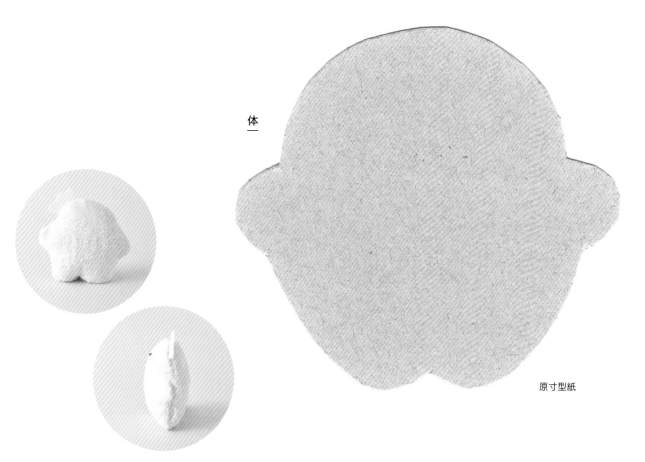

原寸型紙

こつのもにゅさん

- ・体…2枚
- ・目…半球ストーン（丸型黒）4mm×2コ
- ・ツノ…フェルト（好きな色で）×2枚
- ・ほっぺた…ピンク系アイシャドウかチーク
- ・わた

❶基本の作り方で作ります。

❷フェルトでツノを2つ作り接着剤で頭の上につけます。

※ツノは縫い代なし。

ツノ

体

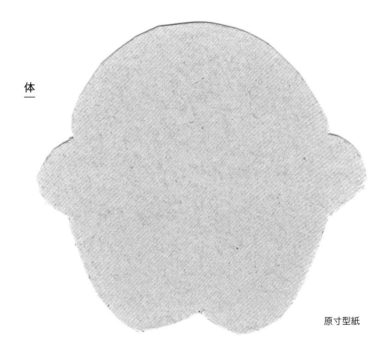

原寸型紙

もにさん

- ・体…2枚
- ・目…半球ストーン（丸型黒）2mm×2コ
- ・わた

基本の作り方で作ります。

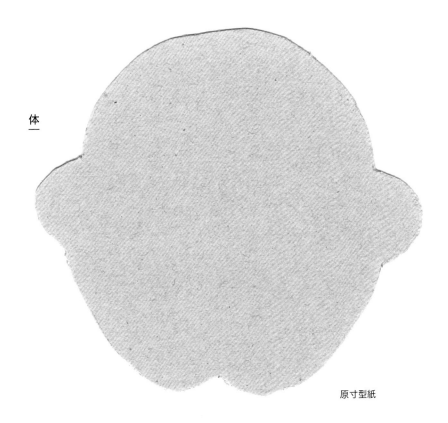

体

原寸型紙

泣き虫
もにさん

- ・体…2枚
- ・目…半球ストーン（丸型黒）2mm×2コ
- ・わた

うさぎの耳が生えた
もにさん

＜泣き虫もにさん＞
・涙…ストーン（涙型水色）タテ5mm程度×1コ

＜うさぎの耳が生えたもにさん＞
・耳…フェルト（薄ピンク）2枚

＜うさぎの尻尾が生えたもにさん＞
・尻尾…半球フェイクファー（白またはピンク）20mm程度×1コ

泣き虫もにさん

うさぎの耳が生えたもにさん

うさぎの尻尾が生えた
もにさん

うさぎの尻尾が生えたもにさん

❶基本の作り方で作ります。

❷泣き虫もにさんは、目の近くに半球ス
トーン（涙型）を接着剤でつけます。

❸うさぎ耳もにさんは、フェルトで耳を2
つ作り接着剤で頭の上につけます。

❹うさぎ尻尾もにさんは、半球フェイク
ファーを接着剤で体の裏側につけます。

※耳は縫い代なし。

耳

体

原寸型紙

んぼちゃん & うさんぼちゃん

- ・体（共通）…2枚
- ・頭（んぼちゃん、うさんぼちゃん共に）…2枚
- ・目…半球ストーン（丸型黒）2mm×2コ
- ・わた

うさんぼちゃん

んぼちゃん

❶体と頭、それぞれ中表にして縫い（わたを詰める部分をあけておく）、表に返します。

❷それぞれにわたを詰めたら体と頭を縫い合わせます。それぞれ5mm程度、生地を内側に折り込んだら、体の首部分に頭のあき部分をかぶせて縫い付けます。

うさんぼちゃん頭

んぼちゃん頭

体（共通）

原寸型紙

41

ふのさん

・体…2枚
・目　半球ストーン（丸型黒）2mm×2コ
・わた

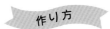

作り方

基本の作り方で作ります。

体

原寸型紙

ふんさん

・体…2枚
・目　半球ストーン（丸型黒）2mm×2コ
・わた

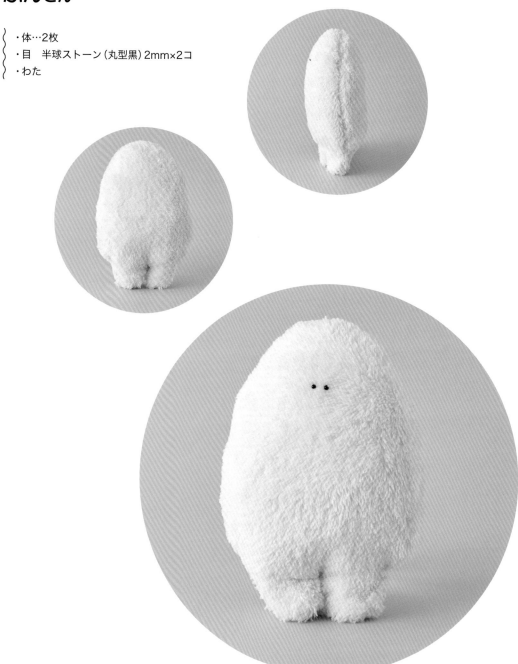

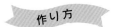

作り方

基本の作り方で作ります。

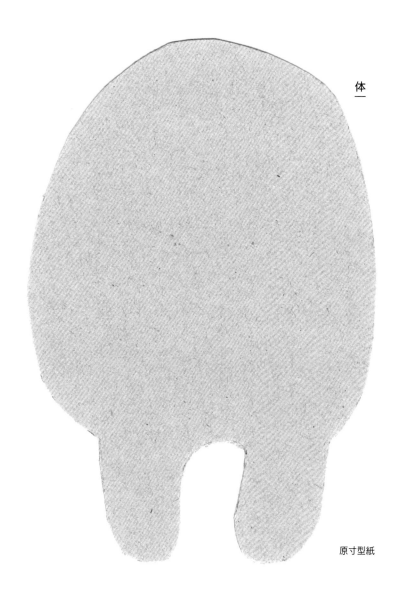

体

原寸型紙

ふもさん

- ・体…2枚
- ・目　半球ストーン（丸型黒）2mm×2コ
- ・わた

作り方

基本の作り方で作ります。

体

原寸型紙

ふわふわこうさぎさん

- ・体…2枚
- ・目　半球ストーン（丸型黒）2mm×2コ
- ・わた

作り方

基本の作り方で作ります。

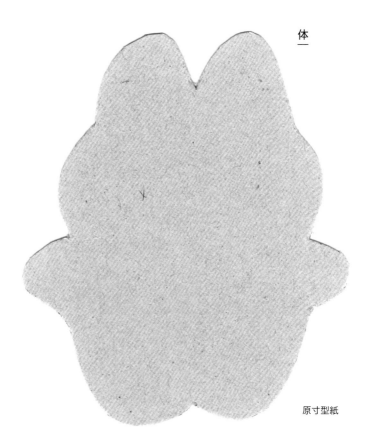

体

原寸型紙

のびるこうさぎさん

・体…2枚
・目　半球ストーン（丸型黒）2mm×2コ
・わた

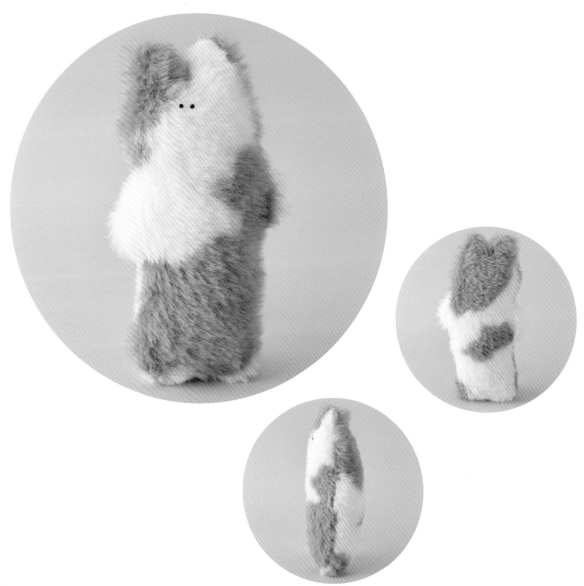

作り方

基本の作り方で作ります。

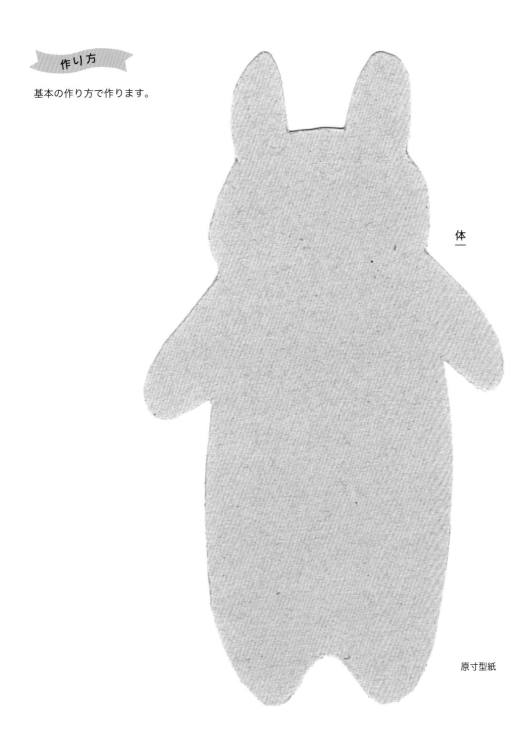

体

原寸型紙

ねこしゃん

- ・体…2枚
- ・目　半球ストーン（丸型黒）2mm×2コ
- ・わた

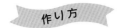

基本の作り方で作ります。

体

※型紙は120%拡大してお使いください。

????さん

- ・体…2枚
- ・目…半球ストーン（丸型黒）2mm×2コ
- ・わた

作り方

基本の作り方で作ります。

体

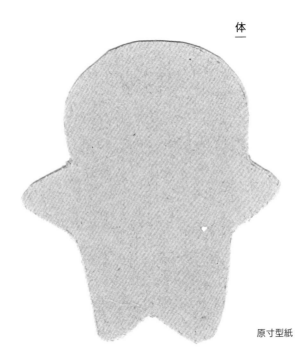

原寸型紙

もしゅさん & えびふらいもしゅさん

- ・体（共通）…2枚
- ・目（共通）…半球ストーン（丸型黒）2mm×2コ
- ・わた

<えびふらいもしゅさん>
- ・エビフライの尻尾…フェルト（赤）×1枚

もしゅさん

えびふらいもしゅさん

基本の作り方で作ります。

※えびふらいもしゅさんはフェルト(赤)で
　尻尾部分を1つ作り接着剤で頭の上につ
　けます。

※エビフライの尻尾は縫い代なし。

エビフライの尻尾

体

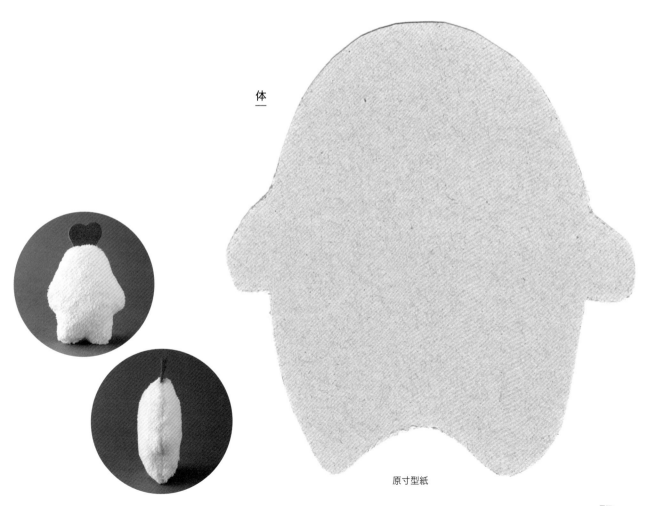

原寸型紙

もにょもにょさん

- 体…2枚
- 目…半球ストーン（丸型黒）2mm×2コ
- わた

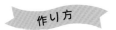

作り方

基本の作り方で作ります。

体

原寸型紙

もへさん

・体…2枚
・目…半球ストーン（丸型黒）2mm×2コ
・わた

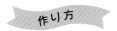

作り方

基本の作り方で作ります。

体

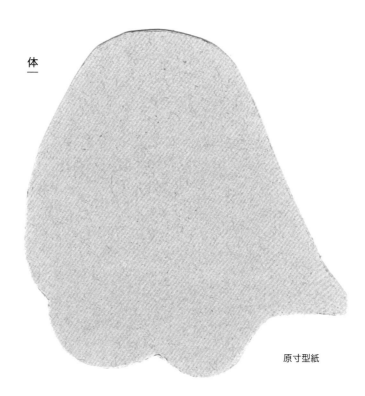

原寸型紙

あんよこちゃん

- 体…2枚
- 目…半球ストーン（丸型黒）2mm×2コ
- わた

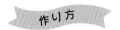

作り方

基本の作り方で作ります。

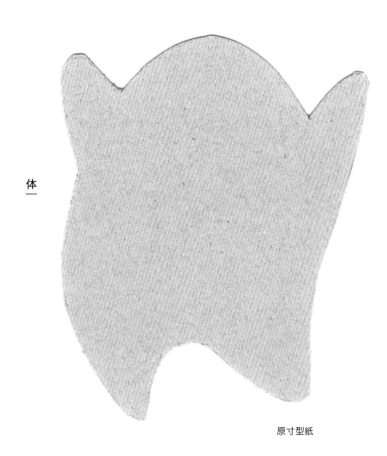

体

原寸型紙

あんよちゃん

- ・体…2枚
- ・目…半球ストーン（丸型黒）2mm×2コ
- ・わた
- ※ピンク系のアイシャドウかチーク

作り方

❶基本の作り方で作ります。

❷ピンク系のアイシャドウかチークでほっぺに色をつけます。

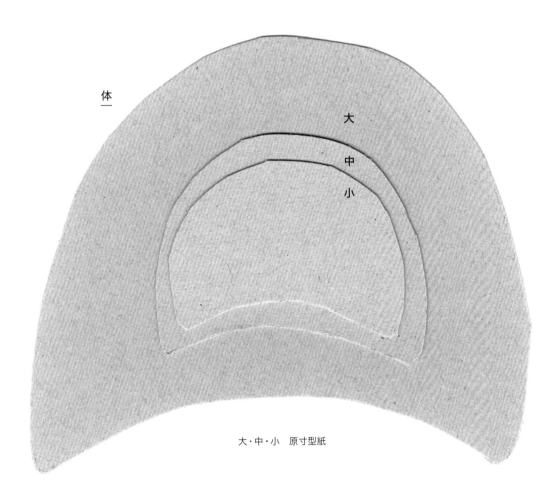

体

大

中

小

大・中・小　原寸型紙

いぬう

- ・体…2枚
- ・目…半球ストーン（丸型黒）2mm×2コ
- ・耳…体とは違う色の生地×2枚
- ・わた

作り方

❶体と頭、それぞれ中表にして縫い（わたを詰める部分をあけておく）、表に返します。

❷それぞれにわたを詰めたら体と頭を縫い合わせます。
それぞれ5mm程度、生地を内側に折り込んだら、体の首部分に頭のあき部分をかぶせて縫い付けます。

❸耳を頭に縫い付けます。

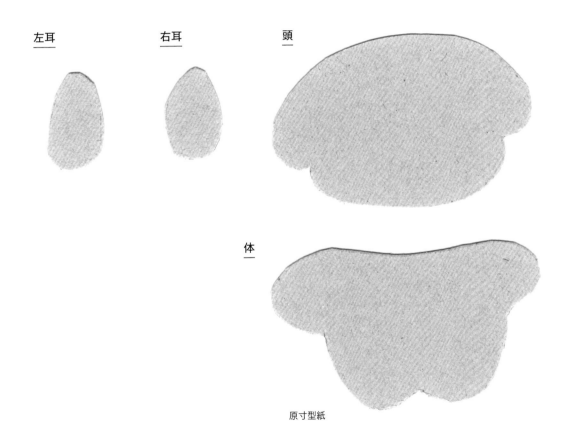

左耳　　　　右耳　　　　頭

体

原寸型紙

ふわふわんこ

- ・体…2枚
- ・目…半球ストーン（丸型黒）2mm×2コ
- ・耳…フェルト（薄いブルー、ピンク、グリーン）×2枚
- ・わた

❶基本の作り方で作ります。

❷目と同じぐらいの高さに（バランスを見ながら位置を決めて）接着剤で耳をつけます。

※耳は縫い代なし。

耳

体

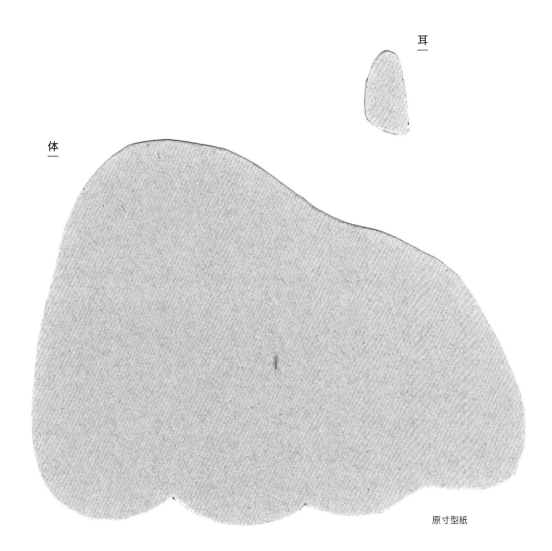

原寸型紙

くまアイスさん

- ・体…2枚
- ・目…半球ストーン（丸型黒）2mm×2コ
- ・アイスの実…ぽんぽん（薄いブルー、ピンク、イエロー）極小
- ・わた

❶基本の作り方で作ります。

❷耳と耳の間にぽんぽんを接着剤でつけます。

体

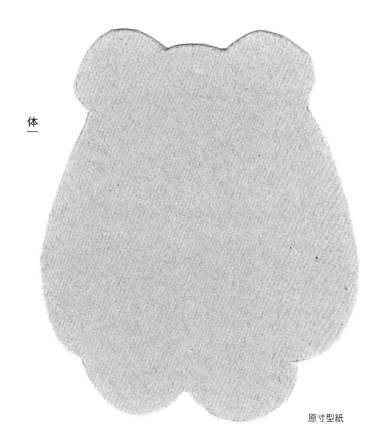

原寸型紙

ばぶくまさん

- ・体…2枚
- ・目…半球ストーン（丸型黒）2mm×2コ
- ・胸の飾り…ぽんぽん（薄いブルー、ピンク、イエロー）極小
- ・わた

作り方

❶基本の作り方で作ります。

❷胸の中央あたりにぽんぽんを接着剤でつけます。

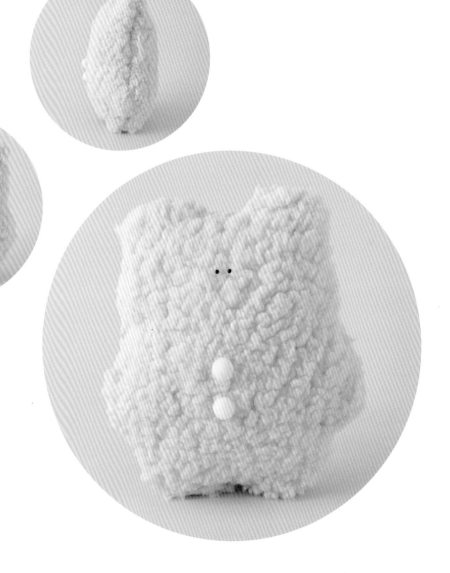